Giovanni Marques Santos

Sagrada Face
História, novena e devocionário

Citações bíblicas: *Bíblia Sagrada* – tradução da CNBB, 2ª ed., 2002.

Editora responsável: *Celina Weschenfelder*
Equipe editorial

3ª edição – 2008
7ª reimpressão – 2022

Nenhuma parte desta obra poderá ser reproduzida ou transmitida por qualquer forma e/ou quaisquer meios (eletrônico ou mecânico, incluindo fotocópia e gravação) ou arquivada em qualquer sistema ou banco de dados sem permissão escrita da Editora. Direitos reservados.

Paulinas

Rua Dona Inácia Uchoa, 62
04110-020 – São Paulo – SP (Brasil)
Tel.: (11) 2125-3500
http://www.paulinas.com.br – editora@paulinas.com.br
Telemarketing e SAC: 0800-7010081

© Pia Sociedade Filhas de São Paulo – São Paulo, 2004

Introdução

Uma das principais maneiras de identificar uma pessoa é através dos traços de seu rosto. A face nos identifica, nos faz únicos. Por meio dela, podemos estabelecer uma relação de conhecimento e de amizade com outras pessoas. O semblante reflete o momento pelo qual estamos passando: alegria, tristeza, surpresa, irritação, amor... *A face fala daquilo que o coração está cheio.*

Isso também se verifica nas relações entre Deus e a humanidade. Todas as pessoas trazem no mais profundo do seu coração o desejo de "ver" Deus, de conhecê-lo, de estabelecer com ele uma relação de intimidade e amizade.

Já no Antigo Testamento, encontramos Deus conversando com Moisés "face a face, como alguém fala com seu amigo" (Ex 33,11). Após esses encontros, o rosto de Moisés ficava resplandecente e manifes-tava a glória de Deus para o seu povo (Ex 34,29-35). Por isso, para o povo de Israel, "ver" a face de Deus significava *seguir a Deus*, deixá-lo caminhar sempre à frente, abrindo os melhores caminhos. Daí se entende a súplica constante do povo de Deus nos Salmos: "Faze brilhar, Senhor, a tua face sobre nós!" (Sl 4,7; 31,17; 67,2; 80,4.8.20).

No Novo Testamento, a face do Deus Altíssimo se manifesta com perfeição no rosto de Jesus de Nazaré. Ele mesmo disse: "Quem me vê, vê o Pai" (Jo 14,9). São Paulo também afirmou que Cristo é a "imagem do Deus invisível" (Cl 1,15). Toda a bondade e a misericórdia de Deus aparecem desenhadas de modo perfeito e definitivo na face de Jesus plena de amor.

E foi somente por amor que essa face aceitou ser esbofeteada, cuspida, machucada, desfigurada na Paixão, cumprindo aquilo que o profeta Isaías já havia anunciado a respeito do "Servo de Javé": "Não fazia vista, nem tinha beleza a atrair o olhar, não tinha aparência que agradasse. Era o mais desprezado e abandonado de todos, homem do sofrimento, experimentado na dor, indivíduo de quem a gente desvia o olhar, repelente, dele nem tomamos conhecimento" (Is 53,2-3).

"A face fala daquilo que o coração está cheio." Assim também acontece com Jesus. Quando contemplamos a sua Sagrada Face, desfigurada e ferida pelas agruras da Paixão, podemos perceber quanto Jesus nos ama e quanto ainda temos a aprender na "escola" do seu seguimento, "escola" de fidelidade e obediência à vontade do Pai e de vivência do amor até as últimas conseqüências. A Sagrada Face de Cristo retrata o seu infinito amor por nós, do qual está cheio o seu coração.

Esta novena tem por objetivo ajudar-nos a ter um encontro face a face com Jesus Cristo. Que na contemplação de sua Sagrada Face possamos nos certificar de que ele nos ama, sempre está conosco e nos convida a seguir seus passos.

Breve histórico da devoção à Sagrada Face

A devoção à Sagrada Face de Cristo iniciou-se no século III, no Oriente, mais precisamente na cidade de Edessa, onde se conserva uma toalha na qual está gravada uma imagem da face de Cristo. Segundo a tradição local, um dos servos do rei de Edessa, ao se encontrar com Jesus, ter-lhe-ia dado uma toalha para que ele enxugasse o rosto. Assim, a imagem da face do Senhor ficou misteriosamente desenhada no pano, passando a ser chamada "Aquiropicta" (em grego: que não foi pintada por mão humana). Os papas

Estêvão III (769) e Adriano II (787) pronunciaram-se já naquele tempo sobre o valor da devoção à Sagrada Face Aquiropicta.

Na Idade Média, a devoção à Sagrada Face cresceu sobretudo por causa da tradição do "Sudário de Verônica", no qual a face de Cristo teria sido estampada após uma tal Verônica tê-lo enxugado no caminho do Calvário. Essa tradição foi incorporada à celebração da Via-Sacra e à religiosidade popular da Quaresma e da Semana Santa. Ocorreu também uma crescente difusão da devoção ao chamado "Santo Sudário" ou "Santa Síndone", toalha mortuária conservada há séculos na cidade italiana de Turim, que, segundo se conta, teria sido utilizada por Nicodemos e José de Arimatéia para envolver o corpo de Jesus no sepulcro. Nos últimos tempos, o Sudário de Turim tem sido objeto de surpreendentes estudos.

Nos tempos modernos, a devoção à Sagrada Face de Cristo tomou impulso devido à sua importância decisiva na vida de Santa Teresinha do Menino Jesus e da Sagrada Face (1873-1897).

No século XX, a divulgação das experiências místicas da religiosa italiana, Irmã Maria Pierina de Micheli, desempenhou um importante papel no incremento da devoção à Sagrada Face. Em uma de suas visões da face ensangüentada de Cristo, ocorrida na Terça-feira Santa de 1936, ela ouviu Jesus lhe falar: "Toda vez que se contemplar minha Face, derramarei meu Amor nos corações e, por meio de minha Sagrada Face, muitas almas chegarão à salvação". Irmã Pierina sentiu ainda o apelo da Virgem Maria para que se cunhasse uma "Nova Medalha", que apresentasse, de um lado, a imagem da Sagrada Face de Cristo com as palavras: "Faze brilhar, Senhor, a tua face sobre nós" (Sl 80,4); e, de outro, um Pão Eucarístico com as palavras "Permanece conosco, Senhor!" (Lc 24,29).

Atribuiu-se aos papas um novo impulso à devoção à Sagrada Face. O beato Pio IX redigiu uma oração à Sagrada Face. Leão XIII, em 1885, instituiu em Roma a Arquiconfraria da Sagrada Face. São Pio X disse: "Que a Sagrada Face seja distribuída abundantemente por toda parte e venerada em todas as famílias cristãs". Em 1930, Pio XI declarou: "Em toda casa e em toda igreja, haja um quadro da Santa Síndone". Em sua Carta encíclica *Haurietis Aquas*, Pio XII exclamou: "É na Face que se revela o Coração". Na celebração de abertura do Concílio Vaticano II, disse o beato João XXIII: "Que é, enfim, um Concílio Ecumênico, senão um novo encontro com a Face de Jesus, o Ressuscitado?". Falando aos jovens na Quinta-feira Santa de 1969, Paulo VI disse: "Deveis mostrar aos homens dos vossos tempos a Face luminosa de Jesus, luminosa pelo mistério de sua real divindade e pelo mistério evidente de sua incomparável humanidade. É o protótipo da humanidade". E o Papa João Paulo II, em sua Carta apostólica *Novo Millennio Ineunte*, recorda: "A Igreja não cessa de contemplar esse rosto ensangüentado, no qual se esconde a vida de Deus e se oferece a salvação do mundo. Mas a sua contemplação do rosto de Cristo não pode deter-se na imagem do Crucificado. Ele é o Ressuscitado!".

A devoção à Sagrada Face é celebrada às terças-feiras, sobretudo na terça-feira de carnaval.

PRIMEIRO DIA

"Tua face, Senhor, eu busco" (Sl 27,8).

Em nome do Pai, do Filho e do Espírito Santo. Amém.

Oração inicial

Senhor, é a vossa face que eu procuro! Dai-me a cada instante o vosso Santo Espírito, para que eu jamais me afaste da vossa presença! Desejo conhecer-vos sempre mais, amar-vos e seguir-vos!

Neste momento de oração, quero estar inteiramente diante de vós, face a face, como dois amigos que conversam entre si. Olhai também, Senhor, cheio de amor, para a minha face. Nos traços deste meu rosto, encontra-se gravado tudo o que tenho vivido, experimentado e sofrido em minha existência. Fazei, Jesus, que eu me torne mais parecido convosco e que os meus irmãos encontrem em mim a vossa imagem! Amém!

Leitura bíblica (Ex 33,11; 34,29-33)

"O Senhor falava com Moisés face a face, como alguém que fala com seu amigo. Quando Moisés desceu da montanha do Sinai, trazendo nas mãos as duas tábuas da aliança, não sabia que a pele de seu rosto resplandecia por ter falado com o Senhor. Aarão e os israelitas todos, vendo o rosto de Moisés resplandecente, tiveram medo de aproximar-se dele. Então Moisés os chamou, e tanto Aarão como os chefes da comunidade aproximaram-se, e ele lhes falou. Depois, achegaram-se, dele também os outros israelitas, e Moisés transmitiu-lhes todas as ordens que o Senhor lhe tinha dado no Monte Sinai. Quando Moisés acabou de falar, pôs um véu sobre o rosto."

Reflexão

Moisés falava com Deus face a face, como a um amigo. Seu rosto ficava resplandecente e irradiava a glória divina às outras pessoas de seu povo.

Tenho reservado o melhor do meu tempo para encontros "face a face" com Deus e irradiado esse amor aos meus irmãos?

Oração final

Deus Pai de Misericórdia, eu adoro a Face Santíssima de vosso Filho Jesus, ferida, esmagada e desfigurada por causa de nossos muitos pecados! Nela vejo quanto me amais, quanto vos interessais por mim, quanto acreditais em mim, quanto procurais o meu bem e a minha salvação! Certo de quanto vós me amais, ó Pai, coloco confiante em vossas mãos toda a minha vida e peço-vos a graça de que hoje necessito! (*Fazer o pedido.*) Fazei brilhar,

Senhor, a vossa Face sobre nós! Permanecei conosco, Senhor! Amém!

Pai-Nosso, Ave-Maria, Glória-ao-Pai...

Bênção (cf. Nm 6,24-26)

O Senhor nos abençoe e nos guarde! Mostre-nos a sua face e tenha misericórdia de nós! Volte para nós o seu rosto e nos dê a paz! Em nome do Pai e do Filho e do Espírito Santo. Amém.

SEGUNDO DIA

"Jesus olhou para ele com amor" (Mc 10,21).

Em nome do Pai, do Filho e do Espírito Santo. Amém.

Oração inicial

Senhor, é a vossa face que eu procuro! Dai-me a cada instante o vosso Santo Espírito, para que eu jamais me afaste da vossa presença! Desejo conhecer-vos sempre mais, amar-vos e seguir-vos!

Neste momento de oração, quero estar inteiramente diante de vós, face a face, como dois amigos que conversam entre si. Olhai também, Senhor, cheio de amor, para a minha face. Nos traços deste meu rosto, encontra-se gravado tudo o que

tenho vivido, experimentado e sofrido em minha existência. Fazei, Jesus, que eu me torne mais parecido convosco e que os meus irmãos encontrem em mim a vossa imagem! Amém!

Leitura bíblica (Mc 10,17-22)

"Jesus saiu caminhando, quando veio alguém correndo, caiu de joelhos diante dele e perguntou: 'Bom Mestre, que devo fazer de bom para ganhar a vida eterna?'. Disse Jesus: 'Por que me chamas de bom? Só Deus é bom, e mais ninguém. Conheces os mandamentos: *Não matarás, não cometerás adultério, não roubarás, não levantarás falso testemunho, não prejudicarás ninguém, honra teu pai e tua mãe!*'. Ele então respondeu: 'Mestre, tudo isso eu tenho observado desde a minha juventude'. Jesus, olhando bem para ele, com amor lhe disse: 'Só te falta uma coisa: vai, vende tudo o que tens, dá o dinheiro aos pobres e terás um tesouro no céu. Depois, vem e segue-me'. Ao ouvir isso, ele ficou pesaroso por causa desta palavra e foi embora cheio de tristeza, pois possuía muitos bens."

Reflexão

O homem que se aproximou de Jesus tinha um objetivo: herdar a vida eterna. Jesus olhou para ele com amor e indicou-lhe o caminho para a verdadeira felicidade. Contudo, ele não teve coragem para se enveredar pelo novo caminho, pois não conseguiu desapegar-se de seus bens.

Qual é a minha principal busca na vida? Se Jesus me olhar com amor, qual é o principal desejo que ele fará surgir em meu coração?

Oração final

Deus Pai de Misericórdia, eu adoro a Face Santíssima de vosso Filho Jesus, ferida, esmagada e desfigurada por causa de nossos muitos pecados! Nela vejo quanto me amais, quanto vos interessais por mim, quanto acreditais em mim, quanto procurais o meu bem e a minha salvação! Certo de quanto vós me amais, ó Pai, coloco confiante em vossas mãos toda a minha vida e peço-vos a graça de que hoje necessito! (*Fazer o pedido.*) Fazei brilhar, Senhor, a vossa Face sobre nós! Permanecei conosco, Senhor! Amém!

Pai-Nosso, Ave-Maria, Glória-ao-Pai...

Bênção (cf. Nm 6,24-26)

O Senhor nos abençoe e nos guarde! Mostre-nos a sua face e tenha misericórdia de nós! Volte para nós o seu rosto e nos dê a paz! Em nome do Pai e do Filho e do Espírito Santo. Amém.

TERCEIRO DIA

"Meus olhos viram a tua salvação" (Lc 2,30).

Em nome do Pai, do Filho e do Espírito Santo. Amém.

Oração inicial

Senhor, é a vossa face que eu procuro! Dai-me a cada instante o vosso Santo Espírito, para que eu jamais me afaste da vossa presença! Desejo conhecer-vos sempre mais, amar-vos e seguir-vos!

Neste momento de oração, quero estar inteiramente diante de vós, face a face, como dois amigos que conversam entre si. Olhai também, Senhor, cheio de amor, para a minha face. Nos traços deste meu rosto, encontra-se gravado tudo o que

tenho vivido, experimentado e sofrido em minha existência. Fazei, Jesus, que eu me torne mais parecido convosco e que os meus irmãos encontrem em mim a vossa imagem! Amém!

Leitura bíblica (Jo 14,8-11)

"Filipe disse a Jesus: 'Senhor, mostra-nos o Pai, isso nos basta'. Jesus respondeu: 'Filipe, há tanto tempo estou convosco, e não me conheces? Quem me viu tem visto o Pai. Como é que tu dizes: 'Mostra-nos o Pai'? Não acreditas que eu estou no Pai e que o Pai está em mim? As palavras que eu vos digo, não as digo por mim mesmo; é o Pai que, permanecendo em mim, realiza as suas obras. Crede-me: eu estou no Pai e o Pai está em mim. Crede, ao menos, por causa destas obras'."

Reflexão

Como aconteceu com Filipe, nós também, há tanto tempo, nos deparamos com Jesus e ainda não o conhecemos. Jesus nos ensina que para conhecer a face do Pai basta olhar para a sua face.

Qual a imagem que tenho da face de Deus Pai? É bondosa, misericordiosa, amiga, cheia de amor, como a face de Jesus?

Oração final

Deus Pai de Misericórdia, eu adoro a Face Santíssima de vosso Filho Jesus, ferida, esmagada e desfigurada por causa de nossos muitos pecados! Nela vejo quanto me amais, quanto vos interessais por mim, quanto acreditais em mim, quanto procurais o meu bem e a minha salvação! Certo de quanto vós me amais, ó Pai, coloco confiante em vossas mãos toda a minha vida e peço-vos a graça de que hoje necessito! (*Fazer o pedido.*) Fazei brilhar, Senhor, a vossa Face sobre nós! Permanecei conosco, Senhor! Amém!

Pai-Nosso, Ave-Maria, Glória-ao-Pai...

Bênção (cf. Nm 6,24-26)

O Senhor nos abençoe e nos guarde! Mostre-nos a sua face e tenha misericórdia de nós! Volte para nós o seu rosto e nos dê a paz! Em nome do Pai e do Filho e do Espírito Santo. Amém.

QUARTO DIA

"Não desviei o rosto dos insultos e dos escarros" (Is 53,6).

Em nome do Pai, do Filho e do Espírito Santo. Amém.

Oração inicial

Senhor, é a vossa face que eu procuro! Dai-me a cada instante o vosso Santo Espírito, para que eu jamais me afaste da vossa presença! Desejo conhecer-vos sempre mais, amar-vos e seguir-vos!

Neste momento de oração, quero estar inteiramente diante de vós, face a face, como dois amigos que conversam entre si. Olhai também, Senhor, cheio de amor, para a minha face. Nos traços deste meu rosto, encontra-se gravado tudo o que

tenho vivido, experimentado e sofrido em minha existência. Fazei, Jesus, que eu me torne mais parecido convosco e que os meus irmãos encontrem em mim a vossa imagem! Amém!

Leitura bíblica (Is 50,4-8)

"Deu-me o Senhor Deus uma língua habilidosa para que aos desanimados eu saiba ajudar com uma palavra. Toda manhã ele desperta meus ouvidos para que, como bom discípulo, eu preste atenção. O Senhor Deus abriu-me os ouvidos, e eu não fiquei revoltado, para trás eu não andei. Apresentei as costas aos que me queriam bater, ofereci o queixo aos que me queriam arrancar a barba e nem escondi o rosto dos insultos e dos escarros. O Senhor Deus é o meu aliado, por isso jamais ficarei derrotado, fico de rosto impassível, duro como pedra, porque sei que não vou me sentir um fracassado. Ao meu lado está aquele que me declara justo: quem vai demandar contra mim?"

Reflexão

Os discípulos de Jesus, desde os primeiros tempos da Igreja, reconheceram nele o "Servo de Javé", cuja vinda foi anunciada pelo profeta Isaías. Este "servo", ungido pelo Espírito de Deus, seria o grande missionário escolhido por Deus para fazer surgir uma nova sociedade conforme a justiça e o direito. Mas, para cumprir a sua missão, o "servo" teria de sofrer muito, ser perseguido, humilhado e até morto. Jesus é este "Servo de Javé". No cumprimento de sua missão, ele não se deteve diante do sofrimento e da perseguição, pois confiava na presença do Pai em sua vida. Tinha a certeza de que estava no caminho certo e de que deveria levar sua missão até o fim.

Como Jesus, cumpro minha missão sem permitir que o medo me paralise? Os meus ouvidos também têm estado atentos à voz de Deus em minha vida?

Oração final

Deus Pai de Misericórdia, eu adoro a Face Santíssima de vosso Filho Jesus, ferida, esmagada e desfigurada por causa de nossos muitos pecados! Nela vejo quanto me amais, quanto vos interessais por mim, quanto acreditais em mim, quanto procurais o meu bem e a minha salvação! Certo de quanto vós me amais, ó Pai, coloco confiante em vossas mãos toda a minha vida e peço-vos a graça de que hoje necessito! (*Fazer o pedido.*) Fazei brilhar, Senhor, a vossa Face sobre nós! Permanecei conosco, Senhor! Amém!

Pai-Nosso, Ave-Maria, Glória-ao-Pai...

Bênção (cf. Nm 6,24-26)

O Senhor nos abençoe e nos guarde! Mostre-nos a sua face e tenha misericórdia de nós! Volte para nós o seu rosto e nos dê a paz! Em nome do Pai e do Filho e do Espírito Santo. Amém.

QUINTO DIA

"E batiam nele" (Jo 19,3).

Em nome do Pai, do Filho e do Espírito Santo. Amém.

Oração inicial

Senhor, é a vossa face que eu procuro! Dai-me a cada instante o vosso Santo Espírito, para que eu jamais me afaste da vossa presença! Desejo conhecer-vos sempre mais, amar-vos e seguir-vos!

Neste momento de oração, quero estar inteiramente diante de vós, face a face, como dois amigos que conversam entre si. Olhai também, Senhor, cheio de amor, para a minha face. Nos traços deste meu rosto, encontra-se gravado tudo o que tenho vivido, experimentado e sofrido em minha existência. Fazei, Jesus, que eu me torne mais parecido convosco e que os meus irmãos encontrem em mim a vossa imagem! Amém!

Leitura bíblica (Jo 19,1-3)

"Pilatos, então, mandou açoitar Jesus. Os soldados trançaram uma coroa de espinhos, puseram-na na cabeça de Jesus e vestiram-no com um manto de púrpura. Aproximavam-se dele e diziam: 'Viva o Rei dos Judeus!'; e batiam nele."

Reflexão

Por onde Jesus passava, fazia germinar as sementes de um mundo novo, de uma sociedade nova, o Reino de Deus, que era a principal meta da sua missão e da sua vida. A todos mostrava a sua face cheia de amor. Jesus dava atenção aos excluídos, perdoava os pecadores, aliviava os pobres das injustiças que lhes impunham as autoridades políticas e religiosas.

Jesus acabou se tornando o "inimigo público número um" dos dirigentes políticos e religiosos da época. A todo custo, ele precisava ser eliminado da face da terra, para que a exploração continuasse a existir e a semente do Reino de Deus pudesse ser sufocada. Assim, aquela face, que só tinha irradiado misericórdia e amor por toda parte, recebia agora um tratamento indigno até mesmo do pior dos criminosos: era esbofeteada, cuspida e desfigurada.

Como certas atitudes minhas têm ajudado a sufocar o crescimento do Reino de Deus?

Oração final

Deus Pai de Misericórdia, eu adoro a Face Santíssima de vosso Filho Jesus, ferida, esmagada e desfigurada por causa de nossos muitos pecados! Nela vejo quanto me amais, quanto vos interessais por mim, quanto acreditais em mim, quanto procurais o meu bem e a minha salvação! Certo de quanto vós me amais, ó Pai, coloco confiante em vossas mãos toda a minha vida e peço-vos a graça de que hoje necessito! (*Fazer o pedido.*) Fazei brilhar, Senhor, a vossa Face sobre nós! Permanecei conosco, Senhor! Amém!

Pai-Nosso, Ave-Maria, Glória-ao-Pai...

Bênção (cf. Nm 6,24-26)

O Senhor nos abençoe e nos guarde! Mostre-nos a sua face e tenha misericórdia de nós! Volte para nós o seu rosto e nos dê a paz! Em nome do Pai e do Filho e do Espírito Santo. Amém.

SEXTO DIA

"Não fazia vista, nem tinha beleza a atrair o olhar" (Is 53,2).

Em nome do Pai, do Filho e do Espírito Santo. Amém.

Oração inicial

Senhor, é a vossa face que eu procuro! Dai-me a cada instante o vosso Santo Espírito, para que eu jamais me afaste da vossa presença! Desejo conhecer-vos sempre mais, amar-vos e seguir-vos!

Neste momento de oração, quero estar inteiramente diante de vós, face a face, como dois amigos que conversam entre si. Olhai também, Senhor, cheio de amor, para a minha face. Nos traços deste meu rosto, encontra-se gravado tudo o que

tenho vivido, experimentado e sofrido em minha existência. Fazei, Jesus, que eu me torne mais parecido convosco e que os meus irmãos encontrem em mim a vossa imagem! Amém!

Leitura bíblica (Is 53,2-5)

"Ele não fazia vista, nem tinha beleza a atrair o olhar, não tinha aparência que agradasse. Era o mais desprezado e abandonado de todos, homem do sofrimento, experimentado na dor, indivíduo de quem a gente desvia o olhar, repelente, dele nem tomamos conhecimento. Eram na verdade os nossos sofrimentos que ele carregava, eram as nossas dores que levava às costas. E a gente achava que ele era um castigado, alguém por Deus ferido e massacrado. Mas estava sendo traspassado por causa de nossas rebeldias, estava sendo esmagado por nossos pecados."

Reflexão

É impossível olhar para a face desfigurada de Jesus sem se deixar comover! Tanta bondade e mansidão o levaram ao mais livre e doloroso sacrifício de si próprio! Não há como não reconhecer, por detrás de seu rosto esmagado, o seu infinito amor e a sua altíssima dignidade de Filho de Deus. Entretanto, muitas vezes não sentimos a mesma comoção diante da face desfigurada de Jesus refletida no rosto do pobre, do doente, do dependente químico, do desempregado, do excluído...

Qual tem sido a minha reação diante da face sofrida do irmão que se encontra marginalizado? Reconheço a beleza da dignidade humana que existe por detrás das feições sofridas de seu rosto? O que faço para promover a sua dignidade, para trazer-lhe de volta a alegria, a esperança e a vontade de viver?

Oração final

Deus Pai de Misericórdia, eu adoro a Face Santíssima de vosso Filho Jesus, ferida, esmagada e desfigurada por causa de nossos muitos pecados! Nela vejo quanto me amais, quanto vos interessais por mim, quanto acreditais em mim, quanto procurais o meu bem e a minha salvação! Certo de quanto vós me amais, ó Pai, coloco confiante em vossas mãos toda a minha vida e peço-vos a graça de que hoje necessito! (*Fazer o pedido*.) Fazei brilhar, Senhor, a vossa Face sobre nós! Permanecei conosco, Senhor! Amém!

Pai-Nosso, Ave-Maria, Glória-ao-Pai...

Bênção (cf. Nm 6,24-26)

O Senhor nos abençoe e nos guarde! Mostre-nos a sua face e tenha misericórdia de nós! Volte para nós o seu rosto e nos dê a paz! Em nome do Pai e do Filho e do Espírito Santo. Amém.

SÉTIMO DIA

"Cristo sofreu por vós, deixando-vos um exemplo a fim de que sigais os seus passos" (1Pd 2,21).

Em nome do Pai, do Filho e do Espírito Santo. Amém.

Oração inicial

Senhor, é a vossa face que eu procuro! Dai-me a cada instante o vosso Santo Espírito, para que eu jamais me afaste da vossa presença! Desejo conhecer-vos sempre mais, amar-vos e seguir-vos!

Neste momento de oração, quero estar inteiramente diante de vós, face a face, como dois amigos que conversam entre si. Olhai também, Senhor, cheio de amor, para a minha face. Nos traços deste meu rosto, encontra-se gravado tudo o que tenho vivido, experimentado e sofrido em minha existência. Fazei, Jesus, que eu me torne mais parecido convosco e que os meus irmãos encontrem em mim a vossa imagem! Amém!

Leitura bíblica (1Pd 2,21-24)

"Cristo sofreu por vós, deixando-vos um exemplo, a fim de que sigais seus passos. Ele *não cometeu pecado algum, mentira nenhuma foi encontrada em sua boca.* Quando injuriado, não retribuía as injúrias; atormentado, não ameaçava; antes, colocava a sua causa nas mãos daquele que julga com justiça. *Por suas feridas fostes curados.*"

Reflexão

São Pedro exorta os cristãos a seguir os passos de Jesus, que, fiel à missão recebida do Pai e amando-nos até o fim, aceitou livremente o seu sofrimento e a sua morte. Quem segue Jesus também deve estar disposto a sempre fazer o bem, mesmo que em meio a uma situação desfavorável.

Qual a missão que recebi do Pai nesta vida? Qual o projeto de vida que Deus colocou em meu coração? Tenho disposição para realizar esse projeto mesmo tendo que enfrentar algumas contrariedades, como aconteceu com Jesus? Disponho-me também a carregar a Cruz?

Oração final

Deus Pai de Misericórdia, eu adoro a Face Santíssima de vosso Filho Jesus, ferida, esmagada e desfigurada por causa de nossos muitos pecados! Nela vejo quanto me amais, quanto vos interessais por mim, quanto acreditais em mim, quanto procurais o meu bem e a minha salvação! Certo de quanto vós me amais, ó Pai, coloco confiante em vossas mãos toda a minha vida e peço-vos a graça de que hoje necessito! (*Fazer o pedido.*) Fazei brilhar, Senhor, a vossa Face sobre nós! Permanecei conosco, Senhor! Amém!

Pai-Nosso, Ave-Maria, Glória-ao-Pai...

Bênção (cf. Nm 6,24-26)

O Senhor nos abençoe e nos guarde! Mostre-nos a sua face e tenha misericórdia de nós! Volte para nós o seu rosto e nos dê a paz! Em nome do Pai e do Filho e do Espírito Santo. Amém.

OITAVO DIA

"Eu vi o Senhor!" (Jo 20,18).

Em nome do Pai, do Filho e do Espírito Santo. Amém.

Oração inicial

Senhor, é a vossa face que eu procuro! Dai-me a cada instante o vosso Santo Espírito, para que eu jamais me afaste da vossa presença! Desejo conhecer-vos sempre mais, amar-vos e seguir-vos!

Neste momento de oração, quero estar inteiramente diante de vós, face a face, como dois amigos que conversam entre si. Olhai também, Senhor, cheio de amor, para a minha face. Nos traços deste meu rosto, encontra-se gravado tudo o que tenho vivido, experimentado e sofrido em minha existência. Fazei, Jesus, que eu me torne mais parecido convosco e que os meus irmãos encontrem em mim a vossa imagem! Amém!

Leitura bíblica (Jo 20,11-18)

"Maria tinha ficado perto do túmulo, do lado de fora, chorando. Enquanto chorava, inclinou-se para olhar dentro do túmulo. Ela enxergou dois anjos, vestidos de branco, sentados onde tinha sido posto o corpo de Jesus, um à cabeceira e outro aos pés. Os anjos perguntaram: 'Mulher, por que choras?'. Ela respondeu: 'Levaram o meu Senhor e não sei onde o colocaram'. Dizendo isto, Maria virou-se para trás e enxergou Jesus, de pé. Ela não sabia que era Jesus. Jesus perguntou-lhe: 'Mulher, por que choras? Quem procuras?'. Pensando que fosse o jardineiro, ela disse: 'Senhor, se foste tu que o levaste, diz-me onde o colocaste, e eu irei buscá-lo'. Então, Jesus falou: 'Maria!'. Ela voltou-se e exclamou, em hebraico: 'Rabûni!' (que quer dizer: Mestre). Jesus disse: 'Não me segures, pois ainda não subi para junto do Pai. Mas vai dizer aos meus irmãos: subo para junto do meu Pai e vosso Pai, meu Deus e vosso Deus'. Então, Maria Madalena foi anunciar aos discípulos: 'Eu vi o Senhor', e contou o que ele lhe tinha dito."

Reflexão

Maria Madalena, que havia enxergado a face desfigurada de Jesus no acontecimento da Paixão, agora contempla, cheia de alegria, o rosto vitorioso e resplendente de Cristo ressuscitado! Na face gloriosa de Jesus, Maria Madalena visualiza a vitória da vida sobre a morte, da fidelidade de Deus sobre a injustiça dos homens. Por isso ela passa do pranto à alegria, da mais profunda incompreensão à fé. Ela foi logo partilhar com os irmãos a boa notícia da ressurreição.

Tenho deixado que a ressurreição de Cristo encha a minha vida de esperança, evitando o pessimismo e o derrotismo? Que sinais de ressurreição, de vida nova, vejo Deus realizar na minha própria vida e na de meus irmãos? Como Maria Madalena, de que boas notícias de ressurreição tenho sido portador?

Oração final

Deus Pai de Misericórdia, eu adoro a Face Santíssima de vosso Filho Jesus, ferida, esmagada e desfigurada por causa de nossos muitos pecados! Nela vejo quanto me amais, quanto vos interessais por mim, quanto acreditais em mim, quanto procurais o meu bem e a minha salvação! Certo de quanto vós me amais, ó Pai, coloco confiante em vossas mãos toda a minha vida e peço-vos a graça de que hoje necessito! (*Fazer o pedido.*) Fazei brilhar,

Senhor, a vossa Face sobre nós! Permanecei conosco, Senhor! Amém!

Pai-Nosso, Ave-Maria, Glória-ao-Pai...

Bênção (cf. Nm 6,24-26)

O Senhor nos abençoe e nos guarde! Mostre-nos a sua face e tenha misericórdia de nós! Volte para nós o seu rosto e nos dê a paz! Em nome do Pai e do Filho e do Espírito Santo. Amém.

NONO DIA

"Seremos semelhantes a ele, porque o veremos tal como ele é" (1Jo 3,2).

Em nome do Pai, do Filho e do Espírito Santo. Amém.

Oração inicial

Senhor, é a vossa face que eu procuro! Dai-me a cada instante o vosso Santo Espírito, para que eu jamais me afaste da vossa presença! Desejo conhecer-vos sempre mais, amar-vos e seguir-vos!

Neste momento de oração, quero estar inteiramente diante de vós, face a face, como dois amigos que conversam entre si. Olhai também, Senhor, cheio de amor, para a minha face. Nos traços deste meu rosto, encontra-se gravado tudo o que

tenho vivido, experimentado e sofrido em minha existência. Fazei, Jesus, que eu me torne mais parecido convosco e que os meus irmãos encontrem em mim a vossa imagem! Amém!

Leitura bíblica (1Jo 3,1-2)

"Vede que grande presente de amor o Pai nos deu: sermos chamados filhos de Deus! E nós o somos! Se o mundo não nos conhece, é porque não conheceu o Pai. Caríssimos, desde já somos filhos de Deus, mas nem sequer se manifestou o que seremos! Sabemos que, quando Jesus se manifestar, seremos semelhantes a ele, porque o veremos tal como ele é."

Reflexão

Somos filhos e filhas de Deus! Esse é o grande prêmio que o Pai nos deu por meio de seu Filho, Jesus Cristo. Os filhos trazem em seu rosto os sinais de parentesco com o pai. À medida que nos tornamos autênticos seguidores de Jesus, ficamos cada vez mais parecidos com ele e com o Pai, de quem Jesus é a imagem. E essa vida de seguimento de Jesus vai nos preparando para aquele grande e maravilhoso dia em que nos encontraremos com ele face a face e o veremos tal como ele é.

Que espécie de "traços" trago comigo que permitem aos outros reconhecerem que sou filho ou filha de Deus? Em que me pareço com o Pai e com o seu Filho, Jesus? Como tenho me preparado para o meu definitivo encontro face a face com Deus? Fico feliz em pensar nesse dia? Por quê?

Como avalio o meu crescimento pessoal ao chegar ao último dia desta novena?

Oração final

Deus Pai de Misericórdia, eu adoro a Face Santíssima de vosso Filho Jesus, ferida, esmagada e desfigurada por causa de nossos muitos pecados! Nela vejo quanto me amais, quanto vos interessais por mim, quanto acreditais em mim, quanto procurais o meu bem e a minha salvação! Certo de quanto vós me amais, ó Pai, coloco confiante em vossas mãos toda a minha vida e peço-vos a graça de que hoje necessito! (*Fazer o pedido.*) Fazei brilhar, Senhor, a vossa Face sobre nós! Permanecei conosco, Senhor! Amém!

Pai-Nosso, Ave-Maria, Glória-ao-Pai...

Bênção (cf. Nm 6,24-26)

O Senhor nos abençoe e nos guarde! Mostre-nos a sua face e tenha misericórdia de nós! Volte para nós o seu rosto e nos dê a paz! Em nome do Pai e do Filho e do Espírito Santo. Amém.

Oremos

Ó meu Jesus, lançai sobre nós um olhar de misericórdia! Volvei vossa Face para cada um de nós, como fizestes a Verônica, não para que a vejamos com os olhos corporais, pois não o merecemos. Mas voltai-a para os nossos corações, a fim de que, amparados sempre em vós, possamos beber nessa fonte inesgotável as forças necessárias para nos entregarmos ao combate que temos de sustentar. Amém (*Oração do Papa Beato Pio IX*).

ORAÇÃO À SAGRADA FACE

(Composta por Santa Teresinha do Menino Jesus e da Sagrada Face)

Ó Jesus, que na vossa crudelíssima Paixão vos tornastes "opróbrio dos homens e homem das dores". Eu adoro a vossa divina Face, sobre a qual resplandecem a beleza e a ternura da divindade e que agora se tornou para mim como a face de um "leproso".

Mas, sob esses traços desfigurados, reconheço vosso infinito amor e desejo ardentemente vos amar e tornar-vos amado por todas as pessoas.

As lágrimas que com tanta abundância correram de vossos olhos se me afiguram como pérolas preciosas, que eu quisera recolher; e, assim, com seu valor infinito, resgatar as almas dos pobres pecadores.

Ó Jesus, vossa Face é a única beleza que encanta o meu coração. Por isso vos suplico: imprimi em meu coração vossa divina imagem e inflamai-me com vosso amor, a fim de que eu possa um dia contemplar vossa Face gloriosa no Céu. Amém.

NOSSAS DEVOÇÕES
(Origem das novenas)

De onde vem a prática católica das novenas? Entre outras, podemos dar duas respostas: uma histórica, outra alegórica.

Historicamente, na Bíblia, no início do livro dos Atos dos Apóstolos, lê-se que, passados quarenta dias de sua morte na Cruz e de sua ressurreição, Jesus subiu aos céus, prometendo aos discípulos que enviaria o Espírito Santo, que lhes foi comunicado no dia de Pentecostes.

Entre a ascensão de Jesus ao céu e a descida do Espírito Santo, passaram-se nove dias. A comunidade cristã ficou reunida em torno de Maria, de algumas mulheres e dos apóstolos. Foi a primeira novena cristã. Hoje, ainda a repetimos todos os anos, orando, de modo especial, pela unidade dos cristãos. É o padrão de todas as outras novenas.

A novena é uma série de nove dias seguidos em que louvamos a Deus por suas maravilhas, em particular, pelos santos, por cuja intercessão nos são distribuídos tantos dons.

Alegoricamente, a novena é antes de tudo um ato de louvor ao Pai, ao Filho e ao Espírito Santo, Deus três vezes Santo. Três é número perfeito. Três vezes três, nove. A novena é louvor perfeito à Trindade. A prática de nove dias de oração, louvor e súplica confirma de maneira extraordinária nossa fé em Deus que nos salva, por intermédio de Jesus, de Maria e dos santos.

O Concílio Vaticano II afirma: "Assim como a comunhão cristã entre os que caminham na terra nos aproxima mais de Cristo, também o convívio com os santos nos une a Cristo, fonte e cabeça de que provêm todas as graças e a própria vida do povo de Deus" (*Lumen Gentium*, 50).

Nossas Devoções procura alimentar o convívio com Jesus, Maria e os santos, para nos tornarmos cada dia mais próximos de Cristo, que nos enriquece com os dons do Espírito e com todas as graças de que necessitamos.

Francisco Catão

Coleção Nossas Devoções

- *Dulce dos Pobres: novena e biografia* – Marina Mendonça
- *Francisco de Paula Victor: história e novena* – Aparecida Matilde Alves
- *Frei Galvão: novena e história* – Pe. Paulo Saraiva
- *Imaculada Conceição* – Francisco Catão
- *Jesus, Senhor da vida: dezoito orações de cura* – Francisco Catão
- *João Paulo II: novena, história e orações* – Aparecida Matilde Alves
- *João XXIII: biografia e novena* – Marina Mendonça
- *Maria, Mãe de Jesus e Mãe da Humanidade: novena e coroação de Nossa Senhora* – Aparecida Matilde Alves
- *Menino Jesus de Praga: história e novena* – Giovanni Marques Santos
- *Nhá Chica: Bem-aventurada Francisca de Paula de Jesus* – Aparecida Matilde Alves
- *Nossa Senhora Aparecida: história e novena* – Maria Belém
- *Nossa Senhora da Cabeça: história e novena* – Mario Basacchi
- *Nossa Senhora da Luz: novena e história* – Maria Belém
- *Nossa Senhora da Penha: novena e história* – Maria Belém
- *Nossa Senhora da Salete: história e novena* – Aparecida Matilde Alves
- *Nossa Senhora das Graças ou Medalha Milagrosa: novena e origem da devoção* – Mario Basacchi
- *Nossa Senhora de Caravaggio: história e novena* – Leomar A. Brustolin e Volmir Comparin
- *Nossa Senhora de Fátima: novena* – Tarcila Tommasi
- *Nossa Senhora de Guadalupe: novena e história das aparições a São Juan Diego* – Maria Belém
- *Nossa Senhora de Nazaré: novena e história* – Maria Belém
- *Nossa Senhora Desatadora dos Nós: história e novena* – Frei Zeca
- *Nossa Senhora do Bom Parto: novena e reflexões bíblicas* – Mario Basacchi
- *Nossa Senhora do Carmo: novena e história* – Maria Belém
- *Nossa Senhora do Desterro: história e novena* – Celina Helena Weschenfelder
- *Nossa Senhora do Perpétuo Socorro: história e novena* – Mario Basacchi
- *Nossa Senhora Rainha da Paz: história e novena* – Celina Helena Weschenfelder
- *Novena à Divina Misericórdia* – Tarcila Tommasi

- *Novena das Rosas: história e novena de Santa Teresinha do Menino Jesus* – Aparecida Matilde Alves
- *Novena em honra ao Senhor Bom Jesus* – José Ricardo Zonta
- *Ofício da Imaculada Conceição: orações, hinos e reflexões* – Cristóvão Dworak
- *Orações do cristão: preces diárias* – Celina Helena Weschenfelder
- *Os Anjos de Deus: novena* – Francisco Catão
- *Padre Pio: novena e história* – Maria Belém
- *Paulo, homem de Deus: novena de São Paulo Apóstolo* – Francisco Catão
- *Reunidos pela força do Espírito Santo: novena de Pentecostes* – Tarcila Tommasi
- *Rosário dos enfermos* – Aparecida Matilde Alves
- *Rosário por uma transformação espiritual e psicológica* – Gustavo E. Jamut
- *Sagrada Face: história, novena e devocionário* – Giovanni Marques Santos
- *Sagrada Família: novena* – Pe. Paulo Saraiva
- *Sant'Ana: novena e história* – Maria Belém
- *Santa Cecília: novena e história* – Frei Zeca
- *Santa Edwiges: novena e biografia* – J. Alves
- *Santa Filomena: história e novena* – Mario Basacchi
- *Santa Gemma Galgani: história e novena* – José Ricardo Zonta
- *Santa Joana d'Arc: novena e biografia* – Francisco de Castro
- *Santa Luzia: novena e biografia* – J. Alves
- *Santa Maria Goretti: história e novena* – José Ricardo Zonta
- *Santa Paulina: novena e biografia* – J. Alves
- *Santa Rita de Cássia: novena e biografia* – J. Alves
- *Santa Teresa de Calcutá: biografia e novena* – Celina Helena Weschenfelder
- *Santa Teresinha do Menino: novena e biografia* – Jesus Mario Basacchi
- *Santo Afonso de Ligório: novena e biografia* – Mario Basacchi
- *Santo Antônio: novena, trezena e responsório* – Mario Basacchi
- *Santo Expedito: novena e dados biográficos* – Francisco Catão
- *Santo Onofre: história e novena* – Tarcila Tommasi
- *São Benedito: novena e biografia* – J. Alves

- *São Bento: história e novena* – Francisco Catão
- *São Brás: história e novena* – Celina Helena Weschenfelder
- *São Cosme e São Damião: biografia e novena* – Mario Basacchi
- *São Cristóvão: história e novena* – Mário José Neto
- *São Francisco de Assis: novena e biografia* – Mario Basacchi
- *São Francisco Xavier: novena e biografia* – Gabriel Guarnieri
- *São Geraldo Majela: novena e biografia* – J. Alves
- *São Guido Maria Conforti: novena e biografia* – Gabriel Guarnieri
- *São José: história e novena* – Aparecida Matilde Alves
- *São Judas Tadeu: história e novena* – Maria Belém
- *São Marcelino Champagnat: novena e biografia* – Ir. Egídio Luiz Setti
- *São Miguel Arcanjo: novena* – Francisco Catão
- *São Pedro, Apóstolo: novena e biografia* – Maria Belém
- *São Peregrino Laziosi* – Tarcila Tommasi
- *São Roque: novena e biografia* – Roseane Gomes Barbosa
- *São Sebastião: novena e biografia* – Mario Basacchi
- *São Tarcísio: novena e biografia* – Frei Zeca
- *São Vito, mártir: história e novena* – Mario Basacchi
- *Senhora da Piedade: setenário das dores de Maria* – Aparecida Matilde Alves
- *Tiago Alberione: novena e biografia* – Maria Belém